Este libro le pertenece a:

feliz

-sentimiento o demostrando alegría o gozo.

- contento y afortunado.

Abejita Feliz con Unicornio Jazz y amigos

Parte de la serie de Unicornio Jazz ™ por Lisa Caprelli

Ilustrado por Davey Villalobos

Traducido por Natalia Sepúlveda

Publicado por Happy & Fun Lifestyle LLC

Biblioteca del Congreso de los Estados Unidos de América: 2019909736

Copyright 2019

Todos los derechos reservados

ISBN: 978-1-951203-05-4

¡Dedicado al amor de mi vida por encontrar la felicidad en cinco áreas importantes: familia, amistad, carrera, conexión y aventura!—Lisa

Querido amigo,

¡Mi nombre es **Abejita Feliz**! Estoy orgulloso de ser amigo de Unicornio Jazz y los animales que conocerás en este libro y en mi próximo libro en la serie de Unicornio Jazz.

Me encontrarás, escondido en algunas páginas de este libro. Diviértete encontrándome.

I SEE YOU!

Hemos pasado un lindo tiempo con la autora y el ilustrador creando varias ideas sobre la felicidad para este libro. ¡Estoy seguro que tendrás muchas ideas también!

Espero que te entretengas explorando y que no olvides mirar las preguntas de discusión al final del libro. Si estas interesado, envíanos fotos leyendo este libro o de otros momentos felices para compartirlos por Instagram o Facebook.

¡Sé feliz!

Sinceramente,

Bee Happy!

Sincerely,

UnicornJazz.com

Lisa Caprelli

Ser Feliz Es...

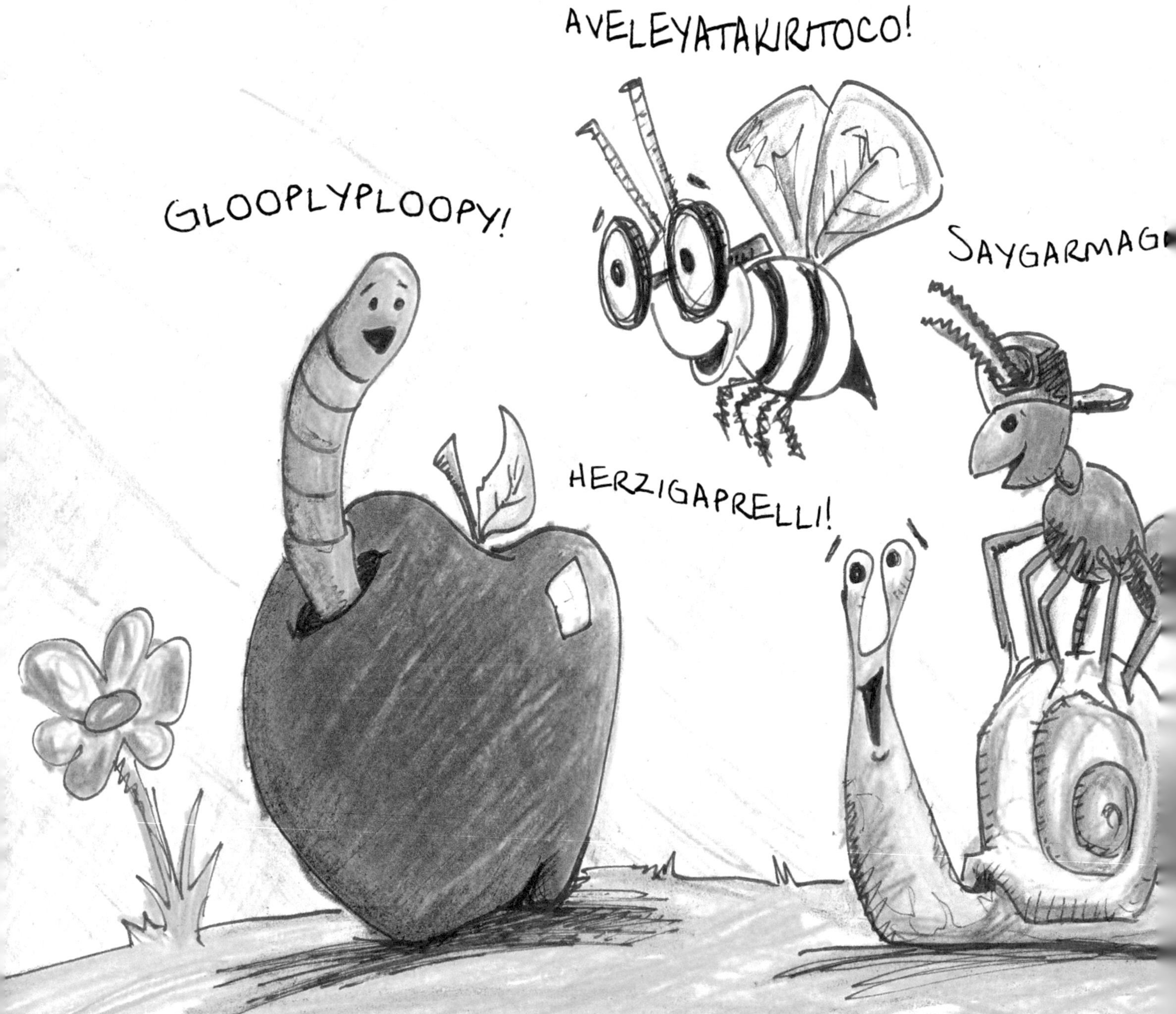

Inventar palabras graciosas.

Ser Feliz Es...

¡Pedir un deseo en tu cumpleaños!

Ser Feliz Es...

Darle un globo a alguien.

Ser Feliz Es...

Caminando en la playa.

Ser Feliz Es...

Regalarle flores a tu maestra.

Hacer s'mores en tu campamento.

Ser Feliz Es...

Darle la bienvenida a alguien.

Hornear galletas con mamá.

Ser Feliz Es...

Papá leyéndote un cuento.

Ayudarle a aprender a los demás.

Ser Feliz Es...

Acariciar tu gato.

Ser Feliz Es...

Medirte el vestido favorito de mamá.

Ser Feliz Es...

Mirar un hermoso anochecer.

Ser Feliz Es...

Pertenecer.

Ser Feliz Es...

Atrapar copos de nieve.

Ser Feliz es...

¡Colorear juntos!

Encuentra mi libro de colorear "Bee-ing Happy Colouring Book with many animals" en mi página web UnicornJazz.com

10 Preguntas para explorar usando tu imaginación.

1.¿Qué más te hace feliz en esta página?

2.¿Qué quieres hacer afuera hoy?

3.¿Quién sería feliz si recibiera una carta de ti?

4.¿Qué podemos hacer para que a alguien sea feliz?

5.¿Cuáles son tres cosas de las cuales estás agradecido/a?

6.¿Qué puedes hacer por otra persona?

7.¿Qué significa ser feliz para ti?

8.¿Cuál es tu parte favorita de hoy?

9.¿Qué parte de eso podemos aprender más hoy?

10.¿Cuándo te sientes más feliz?

Imaginación

la capacidad o acción de formar nuevas ideas, o imágenes o conceptos de cosas que no existen en la realidad o que no son o fueron reales pero no están presentes.

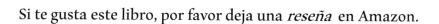

Si te gusta este libro, por favor deja una *reseña* en Amazon.

UnicornJazz.com Instagram.com/UnicornJazzBrand

Más Libros y Productos por Unicorn Jazz™

¡La canción "Unicorn Jazz Friendship" está en UnicornJazz.com y en YouTube!

Escucha el cuento ser animado en el formato de audiolibro— ¡En Audible!

Made in the USA
Columbia, SC
30 October 2023

25087403R00020